천지팔양신주경 사경

김현준 편역

새벽숲

· 천지팔양신주경 사경과 영험

사경은 기도와 수행의 한 방법이며, 우리의 삶을 밝은 쪽으로 바른 쪽으로 행복한 쪽으로 나아가게 하는 거룩한 불사입니다. 『천지팔양신주경』을 써보십시오. 『천지팔양신주경』을 눈으로 보고 입으로 외우고 손으로 쓰고 마음에 새기는 사경기도는 크나큰 성취를 안겨줍니다.

더욱이 『천지팔양신주경』은 중생의 현실적인 삶과 직접 관련이 있는 일들을 잘 들어줄 뿐 아니라, 지혜와 복덕과 행복을 열어주는 경전입니다. 따라서 이 경전을 사경하고 독경하면 한량없는 가피가 저절로 찾아들어, 병환의 쾌차는 물론이요 집안의 편안과 결혼 · 순산 · 직업을 비롯한 갖가지 소원을 쉽게 성취할 수 있습니다.

특히 『천지팔양신주경』 속에는 다음과 같은 원의 성취를 바랄 때 사경이나 독경을 할 것을 권하고 있습니다.

· 전염병에 걸리거나 큰 병이 났을 때
· 집을 짓거나 수리를 할 때
· 결혼을 잘하여 가문의 번성과 복덕을 원할 때
· 총명한 자녀를 얻고 순산을 원할 때
· 직장을 구하거나 사업을 시작할 때
· 멀리 가거나 군에 입대할 때
· 집안의 평안과 부귀영화를 구할 때
· 가족 간의 우애와 신의를 바랄 때

· 불보살, 천신, 신장들의 보호를 구할 때
· 감옥에 갇히거나 재판 등의 송사가 있을 때
· 자신과 주변의 편안한 죽음을 기원할 때
· 장례를 지낼 때
· 좋은 묘터를 잡고자 할 때
· 부모의 천상락天上樂을 기원할 때

  이 밖에도『천지팔양신주경』사경의 영험은 이루 다 말할 수 없습니다.

· 천지팔양신주경 사경의 순서

  1. 경문을 쓰기 전에
① 먼저 3배를 올린 다음, 이『천지팔양신주경』사경집을 펼치고 기본적인 축원부터 세 번씩 합니다.

  "시방세계에 충만하신 불보살님이시여, 세세생생 지은 죄업 모두 참회합니다,
  이제『천지팔양신주경』을 사경하는 공덕으로 저희 가족 모두가 늘 건강하고, 하는 일들이 다 순탄하며, 일체중생 모두가 행복하기를 축원드리옵니다."

② 이렇게 기본적인 축원을 세 번 한 다음, 꼭 성취되기를 바라는 심중의 원들을 세 번 거듭 축원하십시오.

간결하면서도 소원들을 문장으로 만들어 9페이지의 '천지팔양신주경 사경 발원문' 난에 써놓고, 사경하기 전과 사경을 마친 다음에 세 번씩 축원을 하면 좋습니다. 이때의 축원은 어떠한 것이라도 좋습니다. 꼭 이루어졌으면 하는 소원들을 불보살님께 솔직하게 바치면 됩니다.

③ 이어서 개경게를 외운 다음 개법장진언과 '나무 일체소원 원만성취 천지팔양신주경'을 세 번씩 외우고 사경을 시작하면 됩니다.

  2. 경문을 쓸 때

① 한글『천지팔양신주경』본문을 사경할 때는 옅게 인쇄된 글씨만을 덧입혀 쓰고, 진하게 인쇄된 〔 〕안의 글자나 따옴표·중점·쉼표 등은 쓰지 않습니다.

② 사경을 할 때 바탕 글씨와 똑같은 글자체로 쓰려고 애를 쓰는 분이 있는데, 꼭 그렇게 쓸 필요는 없습니다. 바탕 글씨를 크게 벗어나지 않는 범위 내에서 자기 필체로 쓰면 됩니다.

③『천지팔양신주경』을 한자로 쓰지 않고 원문의 뜻을 한글로 풀어놓은 번역본을 쓰는 데는 까닭이 있습니다. 사경을 하되 내용을 이해하지 못하고 글자만 쓰게 되면, 감동이 없을 뿐 아니라 공덕 또한 크게 떨어지기 때문입니다. 스스로 뜻을 새기고 이해를 하며 쓰는

것이 무엇보다 중요하다는 것을 꼭 명심하시기 바랍니다.

④ 사경을 하다가 특별히 마음에 와닿는 구절이 있거나 새기고 싶은 내용이 있으면 다시 한번 읽으면서 사색에 잠기는 것도 좋습니다. 이렇게 사경을 하게 되면『천지팔양신주경』의 내용이 보다 빨리 '나'의 것이 되고, 신심이 샘솟아 무량공덕이 저절로 쌓이게 됩니다.

⑤ 그날 해야 할 사경을 마쳤으면 다시 스스로가 만든 '『천지팔양신주경』사경 발원문'을 읽고 3배를 드린 다음 끝을 맺습니다.

· 사경 기간 및 횟수

① 이 사경집은『천지팔양신주경』을 세 번 쓸 수 있도록 엮었습니다. 만약 간략한 소원 때문에『천지팔양신주경』을 사경 한다면, 전체를 3번 정도 사경하는 것으로 족하겠지만, 꼭 이루고 싶은 간절한 소원이 있다면 그만큼 정성이 쌓여야 하므로,『천지팔양신주경』을 10번 ~ 30번 사경할 것을 감히 권해봅니다.

② 인쇄된 글씨 위에 억지로 덧입히며 쓰지 않고 자기 필체로 쓰게 되면 한 페이지에 보통 5분~7분 정도 걸리며,『천지팔양신주경』전체를 다 쓰는 데는 4시간가량 소요됩니다.
만일 기도할 시간이 넉넉하지 않아 한 시간 정도에서 끝마치고자

한다면 하루에 10페이지 내외로 나누어 쓰십시오. 10페이지 내외로 쓰면 4일 만에 『천지팔양신주경』 전체를 한 번 쓸 수 있습니다. 각자의 원력과 형편에 맞추어 적당히 나누어 쓰면 됩니다.

③ 매일 쓰다가 부득이한 일이 발생하여 못 쓰게 될 경우가 있습니다. 그때는 꼭 부처님께 못 쓰게 된 사정을 고하여 마음속으로 '다음 날 또는 사경 기간을 하루 더 연장하여 반드시 쓰겠다'고 약속하면 됩니다.

※ 사경을 할 때는 1B 또는 2B 정도의 진한 연필(샤프), 볼펜 또는 가는 수성펜 등으로 쓰는 것이 좋습니다.

※ 사경한 다음, 어떻게 처리해야 되느냐를 묻는 이들이 많은데, 정성껏 쓴 사경집을 집안에 두면 불은이 충만하고 삿된 기운이 침범하지 못하게 되므로, 집안에서 좋다고 생각하는 위치에 잘 모셔 두십시오. 태우겠다는 이들이 많은데, 경전을 함부로 태우는 것은 권할 일이 아닙니다. 특별한 이유가 없다면 함부로 태우지 말기를 부탁드립니다.

믿음과 환희심을 품고 『천지팔양신주경』 사경을 하면 대우주 법계에 가득한 불보살님의 가피를 입어, 소원을 원만하게 성취함은 물론이요 크나큰 향상과 깨달음이 함께 한다고 하였습니다.

여법히 잘 사경하시기를 두 손 모아 축원드립니다.

나무 일체소원 원만성취 천지팔양신주경.

개경게 開經偈

가장높고 심히깊은 부처님법문
 無上甚深微妙法
 _{무 상 심 심 미 묘 법}

백천만겁 지나간들 어찌만나리
 百千萬劫難遭遇
 _{백 천 만 겁 난 조 우}

저희이제 보고듣고 받아지녀서
 我今聞見得受持
 _{아 금 문 견 득 수 지}

부처님의 진실한뜻 깨치오리다
 願解如來眞實意
 _{원 해 여 래 진 실 의}

개법장진언 開法藏眞言

옴 아라남 아라다(3번)

나무천지팔양신주경(3번)

천지팔양신주경
天地八陽神呪經

이와 같이 들었다.

어느 때 부처님께서 비야리국(毘耶離國) 달마성의 넓고 큰 집에 계실 때, 항상 모든 곳을 따라다니던 사부대중이 부처님 주위에 둘러앉았다.

그때 무애보살이 대중 가운데 있다가 자리에서 일어나 부처님께 합장을 하고 여쭈었다.

"세존이시여, 이곳 염부제 중생들이 옛적부터 지금까지 몸을 바꾸며 태어나기를 끊이지 않고 있지만,

유식한 이는 적고 지혜 없는 이가 많으며

염불하는 이는 적고 잡신을 찾는 이가 많
으며
계를 지키는 이는 적고 파계하는 이가 많
으며
정진하는 이는 적고 게으른 이가 많으며
지혜로운 이는 적고 어리석은 이가 많으며
장수하는 이는 적고 단명한 이가 많으며
선정을 닦는 이는 적고 산란한 이가 많으며
부귀한 이는 적고 빈천한 이가 많으며
온유한 이는 적고 강경한 이가 많으며
흥하고 성하는 이는 적고 의지할 곳 없
는 이가 많으며
정직한 이는 적고 아첨하는 사람이 많으며
맑고 신중한 이는 적고 욕심 많고 탁한
이가 많으며
보시하는 이는 적고 인색한 이가 많으며
믿음 있고 진실한 이는 적고 허망한 이

가 많나이다.

자연 세속은 천박하고 관법(官法)은 혹독하고 부역은 심하여 백성이 궁핍하고 괴롭고 구하는 바를 얻지 못함이니, 삿된 것을 믿어 견해가 뒤바뀐 때문에 이와 같은 고통을 얻게 된 듯하옵니다.

원하옵건대 세존이시여,
사견(邪見)으로 잘못된 중생들을 위해 정견(正見)의 법문을 설하시어, 이들로 하여금 잘못된 것을 깨닫고 괴로움들을 면하게 하여 주옵소서."

부처님께서 이르셨다.
"착하고 훌륭하구나, 무애보살아. 네가 대자비로 사견에 빠진 중생들을 위해 불가사의한 여래정견의 법을 묻는구나. 너

12

희는 자세히 듣고 깊이 생각하여라.

天地八陽經

내 너희를 위해 천지팔양경을 해설하리라.

이 경은 과거의 부처님들도 이미 설하셨고 미래의 부처님들도 마땅히 설하실 것이요 현재의 부처님들도 지금 설하고 계시느니라.

대저 하늘과 땅 사이에는 사람이 가장 뛰어나서 일체 만물 가운데 귀하기 그지없나니, 사람은 바르고 참되어야 하고, 마음에는 허망함이 없어야 하며 몸으로는 바르고 참된 일을 행해야 하느니라.

사람 인[人]의 왼편으로 삐친 획[丿]은 바르다는 뜻이요 오른편으로 삐친 획[乀]은 참되다는 뜻이니, 항상 바르고 참되게 행하여야 사람[人]이라 이름하느니라.

이를 알면 사람이 능히 도를 넓히고 도

는 몸을 윤택하게 하나니, 도에 의지하고 사람에 의지하면 모두가 성인의 도를 이를 수 있느니라.

또 무애보살아, 일체중생이 이미 사람의 몸을 얻고도 능히 복을 닦지 않고 참된 것을 등진 채 여러 가지 나쁜 업만 짓다가 목숨을 마치게 되면 괴로움의 바다[苦^고海^해]에 빠져서 여러 가지 죄보를 받게 되느니라.

그러나 이 경을 듣고 마음으로 믿어서 거역하지 아니하면, 곧 죄업으로 인한 어려움을 해탈하고 고해에서 벗어나며, 선신의 보호를 받아 장애들이 없어지고 장수하며, 횡액으로 일찍 죽는 일이 없어지느니라.

믿는 힘만으로도 이와 같은 복을 받게 되

거늘, 하물며 어떤 이가 이 경전을 사경하거나 수지하여 독송하고 법답게 수행하면 그 공덕은 이루 말할 수 없고 헤아릴 수 없고 끝이 없나니, 목숨을 마친 뒤에는 부처를 이루게 되느니라."

부처님께서 무애보살마하살에게 이르셨다. "만약 어떤 중생이 사도를 믿고 소견이 잘못되면, 마귀와 외도와 도깨비와 괴상한 울음소리를 내는 새와 온갖 악한 귀신들이 번갈아 나타나서 괴롭히고 귀찮게 하며, 나쁜 종기나 전염병 등의 횡액과 병들로 인해 쉬지 않고 고통을 받게 되느니라.
이때 우연히 팔양경을 아는 선지식을 만나 이 경을 세 번만 읽어주게 되면, 악귀들이 모두 소멸되어 병이 낫고 몸이 강해

지고 힘이 생기나니, 이 경을 읽는 공덕으로 이와 같은 복을 얻게 되느니라.

만약 어떤 중생이 음욕과 성냄과 어리석음과 간탐심과 질투심이 많을지라도, 이 경을 보고 믿고 공경하고 공양하면서 세 번만 읽으면, 어리석음 등의 악이 모두 없어지고 자비희사(慈悲喜捨)로 불법의 본분을 얻게 되느니라.

또 무애보살아,
만약 선남자선여인이 어떤 일을 행할 때 먼저 이 경을 세 번 읽은 다음 담장을 쌓고 터를 다지고 집을 짓되 안채와 바깥채, 동쪽과 서쪽의 행랑채와 주방과 객실을 만들거나, 대문·우물·부엌을 만들고 방아와 맷돌을 놓고 곳간을 짓고 가

측의 우리와 뒷간을 만들면, 일유신과 월
살귀와 장군·태세·황번·표미와 오방
의 토지신과 청룡·백호·주작·현무와
육갑금휘와 십이제신과 토위복룡과 요
괴·도깨비들이, 모두 숨고 다른 곳으로
도망치거나 형상과 그림자까지 사라져
서 해치지 못하며, 모든 일이 크게 길하
고 이로워져서 한량없는 복을 얻게 되느
니라.

선남자야, 공을 들인 뒤에는 집안이 길이
평안하고 가옥이 견고하여 부귀영화를
구하지 않더라도 스스로 이루어지니라.

만약 먼 길을 가거나 군에 입대하거나 벼
슬을 구하거나 장사를 하게 되면 많은 이
익을 얻고 가문은 흥하고 사람은 귀히 되

나니

대대손손토록

아비는 자비롭고 아들은 효도하며

남자는 충실하고 여자는 정숙하며

형은 공손하고 아우는 유순하며

부부는 화목하고 친척과는 신의가 있으며

바라는 바가 다 이루어지느니라.

만약 어떤 중생이 갑자기 감옥에 갇히거
나 도적에게 잡혀가더라도 이 경을 세
번 읽으면 곧 풀려나게 되느니라.

만약 선남자선여인이 이 경을 수지하여
독송하거나 남을 위해 천지팔양경을 사
경하면, 불에 들어가도 타지 않고 물에
들어가도 떠내려가지 않으며, 험한 산속
에 있더라도 호랑이와 이리가 자취를 감

추거나 감히 물고 먹지 못하도록 선신들이 지켜주며, 위없는 도를 이룰 수 있게 하느니라.

또 어떤 사람이 거짓말[妄語]과 꾸며대는 말[綺語]과 욕설[惡口]과 이간하는 말[兩舌]을 많이 하더라도, 이 경을 수지독송하면 이 네 가지 허물이 길이 없어지고 사무애변(四無碍辯)을 얻어서 불도를 이루게 되느니라.

만약 선남자선여인 등의 부모가 죄를 지어, 죽는 날 바로 지옥에 떨어져서 한량없는 고통을 받게 되었을 때, 그 자식이 이 경을 일곱 번 읽으면 부모는 곧 지옥에서 풀려나 천상에 태어나서, 부처님을 뵙고 법문을 들은 다음 무생법인(無生法忍)을 깨닫고 불도를 이루게 되느니라."

부처님께서 무애보살에게 이르셨다.
"비바시불 때의 어느 우바새 우바이가
삿된 것을 믿지 않고 불법을 공손히 받들
면서 이 경을 사경하고 수지독송하였는
데, 모름지기 한 번의 의심도 없는 바른
믿음으로 한결같이 행하면서, 보시를 행
하고 평등하게 공양하여 번뇌가 없는 몸
을 얻고 위없는 도를 이루었나니, 이름은
보광여래·응공·정등각이요 겁의 이름
普光如來　應供　正等覺
은 대만이요, 나라 이름은 무변이며, 그
大滿　　　　　　　　　無邊
백성들은 오직 보살도를 행할 뿐 따로 얻
고자 하는 것이 없었느니라.

또 무애보살아, 이 천지팔양경이 이곳 염
부제에 있으면, 있는 곳마다 팔보살과 범
천왕들과 일체 신령들이 이 경을 둘러싸
고 향과 꽃으로 공양하기를 부처님 모시

듯이 하느니라."

부처님께서 무애보살에게 이르셨다.
"만약 선남자선여인이 중생들을 위해 이
경을 강설하면 실상을 깊이 깨닫고 깊은
이치를 얻게 되어 그의 몸과 마음이 곧
부처의 몸이요 법의 마음[法心]임을 알게
되느니라.

능히 이렇게 아는 것이 곧 지혜이니,
눈으로 언제나 다함이 없는 온갖 색을 보
되 색이 곧 공이요 공이 곧 색이며, 수·
상·행·식이 곧 공이요 공이 곧 수·
상·행·식이니, 이것이 바로 묘색신여래(妙色身如來)
이며
귀로 언제나 다함이 없는 온갖 소리를 듣
되 소리가 곧 공이요 공이 곧 소리니, 이

것이 바로 묘음성여래(妙音聲如來)이며

코로 언제나 다함이 없는 온갖 향기를 맡되 향기가 곧 공이고 공이 곧 향기이니, 이것이 곧 향적여래(香積如來)이며

혀로 언제나 다함이 없는 온갖 맛을 보되 맛이 곧 공이요 공이 곧 맛이니, 이것이 바로 법희여래(法喜如來)이며

몸으로 언제나 다함이 없는 온갖 감촉을 느끼되 감촉이 곧 공이요 공이 곧 감촉이니, 이것이 바로 지승여래(智勝如來)이며

뜻으로 언제나 다함이 없는 온갖 법을 생각하고 분별하되 법이 곧 공이요 공이 곧 법이니, 이것이 바로 법명여래(法明如來)니라.

선남자야, 이렇게 육근이 나타나되, 사람들이 모두 입으로 항상 착한 말을 해서 착한 법을 늘 굴리게 되면 곧 성인의 도

를 이루고, 삿된 말을 해서 나쁜 법을 늘 굴리게 되면 지옥에 떨어지나니,
선남자야, 선과 악의 이치를 잘 알고 잘 믿을지니라.

선남자야, 사람의 몸과 마음은 불법을 담는 그릇이요 십이부로 이루어진 대장경이니라.
아득한 옛적부터 현재까지 계속 읽고 있지만 아직도 다 읽지 못하였고 터럭만큼도 손상되지 않았나니, 이 여래의 대장경은 오직 마음을 알고 견성한 사람만이 능히 알 뿐, 성문이나 범부들은 알지를 못하느니라.

선남자야, 이 경을 독송하여 깊은 진리를 깨치면 이 몸과 마음이 곧 불법을 담는

그릇임을 알게 되지만, 만약 술에 취한 듯한 미한 상태라면, 자기 마음이 불법의 근본이 된다는 것을 모른 채 육도를 흘러 다니다가 삼악도에 떨어지고 길이 고통의 바다에 빠져서 법의 이름조차 듣지 못하게 되느니라."

그때 대중 가운데 있던 오백 천인들이 부처님의 설법을 듣고 맑은 법안(法眼)을 얻어 환희하였고, 그 즉시 비교할 바가 없는 아뇩다라삼먁삼보리의 마음을 일으켰다.

무애보살이 다시 부처님께 여쭈었다.
"세존이시여, 이 세상에 사는 사람에게는 태어나고 죽는 것이 가장 중한 일이건만, 출생 시에도 태어날 날을 택하지 못한 채 때가 되면 태어나고, 죽을 때에도 택

일을 하지 못한 채 때가 되면 그냥 죽게
되나이다.

또 장례를 지낼 때 길일을 묻고 맞는 날
을 택하여 장례를 지내는데도, 어찌하여
그렇게 한 뒤에 오히려 해가 되어 빈궁해
지거나 집안이 망하는 일이 적지 않게 생
기는 것이오니까?

원하옵건대 세존께서 사견과 무지에 빠
진 중생들을 위해 그 인연을 설하시어 정
견을 얻고 전도됨이 없는 삶을 살게 하여
주소서."

부처님께서 이르셨다.

"착하고 훌륭하구나, 선남자야. 네가 실
로 중생들의 심오한 일인 태어남과 죽음
과 장례에 관한 법을 묻는구나. 너희는
자세히 들으라. 너희를 위해 지혜로운 이

25

치와 대도의 법을 설하노라.

대저 하늘과 땅은 넓고 크고 맑으며 해와 달은 항상 밝아, 어느 해 어느 시간이나 좋고 아름답고 진실하기만 할 뿐이니라.

선남자야, 인왕보살은 대자비로 중생들을 불쌍히 생각하되, 모두를 어린 아기처럼 여겼기 때문에 스스로 중생계로 내려와 군주가 되고 백성의 부모가 되어, 세속 사람들과 더불어 살면서 세속법을 가르쳤으며, 일력(日曆)을 만들어 천하에 나누어 주어서 절후를 알게 하였느니라.

원만(滿)ㆍ화평(平)ㆍ성취(成)ㆍ수확(收)ㆍ개화(開)ㆍ제거(除)라는 글자와 위태로운 것을 잡아주고 살(殺)을 없애는 문장이 있느니라.

어리석은 사람도 이를 글자대로 믿고 의지하여 사용하면 흉화(凶禍)를 면하지 못함이 없건마는, 삿된 스승의 그릇된 가르침을 좇아 쓸데없이 삿된 신을 찾고 아귀에게 절을 하다가, 오히려 재앙을 불러들여 고통을 받느니라.

그와 같은 사람들은 천시(天時)를 위반하고 지리(地理)를 거역하여, 해와 달의 광명을 등지고 항상 어두운 곳에 숨어 있으며, 정도(正道)의 넓은 길을 버리고 사도의 좁은 길만 즐겨 찾으니, 뒤바뀐 소견(顚倒)이 심한 까닭이니라.

선남자야, 해산을 하려 할 때 이 경을 세 번 읽으면 아기를 순산하고 크게 길하여, 총명하고 지혜롭고 복덕을 갖추고 일찍 죽는 일이 없느니라.

죽을 때에도 이 경을 세 번 읽으면 조금
도 방해됨이 없고 한량없는 복을 얻느니라.

선남자야, 날마다 좋은 날이요 달마다 좋
은 달이요 해마다 좋은 해인지라 실로 막
힘이 없나니, 잘 판단하여 장례를 지낼지
어다.
장례를 지내는 날에 이 경을 일곱 편 읽
으면 크게 길하고 이로워서 한량없는 복
을 받고, 가문은 영화롭고 사람은 귀히
되고 수명은 길어지며, 명이 다하는 날에
는 성스러움을 이루게 되느니라.

선남자야, 장례를 지내는 곳은 동서남북
을 불문하고 편안한 자리를 구할지니, 산
사람이 좋아하는 곳은 귀신도 좋아하느
니라.

이 경을 세 번 읽고 땅을 다듬어서 묘를 쓰면 길이 재앙이 사라지고 집이 부유해지고 사람은 흥하여, 크게 길하고 이로우니라."

그때 세존께서 이 뜻을 거듭 펴고자 게송으로 이르셨다.

삶을 누릴 때는 좋고 좋은 날이요
장사 치르는 날도 좋고 좋은 때이니
태어나고 죽을 때 이 경을 읽으면
크나큰 길함과 이로움을 얻어서
달마다 좋고 밝은 달이 되며
해마다 크게 좋은 해가 되노라
또 팔양경을 읽고 장례를 치르면
만대 동안 영화롭고 창성하노라

그때 대중 가운데 있던 칠만 칠천 인이 부처님 설법을 듣고 마음이 열리면서 뜻을 이해하여, 삿됨을 버리고 정도로 돌아왔으며, 불법을 한 부분을 얻어서 길이 의혹을 끊고 아뇩다라삼먁삼보리심을 발하였다.

무애보살이 다시 부처님께 아뢰었다.
"세존이시여, 일체 범부가 혼인을 하려 할 때는 먼저 결혼해도 좋은지를 물어본 다음에 길일을 택하여 혼례를 치릅니다. 그런데도 결혼한 뒤에 부귀하여 해로하는 이는 적고 빈궁하게 살고 생이별하거나 사별하는 이는 많나이다.
똑같이 삿된 것을 믿었거늘 어찌하여 이와 같은 차별이 있나이까? 원하옵건대 세존이시여, 대중의 의문을 풀어주옵소서."

부처님께서 이르셨다.

"선남자야, 너희를 위해 설명하리니 자세히 들으라.

하늘은 양이요 땅은 음이며, 해는 양이요 달은 음이며, 불은 양이요 물은 음이며, 남자는 양이요 여자는 음이니,

하늘과 땅의 기운이 합하여져서 온갖 초목이 나고, 해와 달이 서로 이어서 운행함으로 사시와 팔절이 분명해지고, 불과 물이 서로 도움을 주므로 일체 만물이 자라며, 남녀가 서로 화합하여 자손이 번성하는 것이니, 모두가 하늘과 땅의 떳떳한 도요 자연의 이치요 세상의 진리이니라.

선남자야, 어리석은 사람은 지혜가 없어서 삿된 이를 믿고 점을 치며, 길하기를 바라면서 선행은 닦지 않고 갖가지 악한

엄만을 짓다가, 목숨이 다한 뒤에 다시 사람으로 태어나는 이는 손톱 위의 흙과 같이 적고, 지옥에 떨어지거나 아귀와 축생이 되는 이는 대지의 흙과 같이 많으니라. 선남자야, 죽어서 다시 사람의 몸 얻은 이들 중에도 바르게 믿고 착한 일을 하는 이는 손톱 위에 붙은 흙과 같이 적고, 삿된 도를 믿고 나쁜 짓을 하는 이는 대지의 흙과 같이 많으니라.

선남자야, 혼인을 하려고 할 때 물과 불처럼 상극이라거나 포태가 서로 안 맞다거나 나이가 맞지 않는다고 따지지 말지니라. 녹명서를 보면 복덕의 많고 적음을 알 수 있으니, 그것으로 권속을 삼을지니라. 혼인을 하는 날에 이 경을 세 번 읽고 혼

례를 치르게 되면 좋은 일이 계속 이어지
고 광명이 서로 모여들어서 가문은 높아
지고 사람은 귀히 되며, 자손은 흥성하되
총명하고 지혜롭고 재주 있고 솜씨 좋고
효도와 공경이 대대로 이어져서 크게 길
하고 이로울 뿐, 명이 짧아 요절하는 일
이 없으며, 복덕을 구족하여 모두 불도를
이루느니라.”

그때 팔보살(八菩薩)은 부처님의 위엄과 신망을
이어받아 대총지(大總持)를 얻었는데도, 언제나
인간 세상에 있으면서 티끌 속에 광명을
감춘 채, 삿됨을 파하고 정도를 세우면서
사생(四生)을 제도하여 팔해탈(八解脫)에 머물게 하되,
다른 이와 스스로를 달리하지 않았나니,
팔보살의 이름은
발타라보살누진화 · 나린갈보살누진화

교목도보살누진화 · 나라달보살누진화
수미심보살누진화 · 인저달보살누진화
화륜조보살누진화 · 무연관보살누진화
이다.

이 여덟 보살이 함께 부처님께 아뢰었다.
"세존이시여, 저희들이 여러 부처님 처소
에서 받은 다라니 주문을 지금 말하여,
천지팔양경을 수지하고 독송하는 이들
을 옹호하고 영원히 공포를 떠나게 하며,
온갖 좋지 않은 것들이 이 경을 읽는 법
사를 침범하지 못하게 하겠나이다."
그리고 곧 부처님 앞에서 주문을 외웠다.

"아거니 니거니 아비라 만례 만다례"

"세존이시여, 만약 나쁜 이가 법사에게 와

서 괴롭히려 하다가 저희의 이 주문을 듣게 되면 머리를 일곱 쪽으로 부수어져서 아리수 나뭇가지와 같이 될 것이옵니다."

그때 무변신보살이 자리에서 일어나 부처님께 아뢰었다.
"세존이시여, 어찌하여 이름을 천지팔양경이라 하옵니까? 원하옵건대 세존이시여, 청중들을 위해 그 뜻을 해설하시어 깨달음을 얻게 하고 속히 마음의 근본을 통달하게 하여, 길이 의심을 끊고 부처님의 지견에 들어가게 하옵소서."

부처님께서 이르셨다.
"착하고 훌륭하구나, 선남자야. 너희는 자세히 들으라. 내 지금 너희를 위해 천지팔양경의 뜻을 분별하여 해설하리라.

천은 양이요 지는 음이며 팔은 분별이고
양은 분명히 안다는 뜻이니, 대승의 함이
없는 이치 [無爲之理]를 분명히 알아서, 팔식
의 인연이 공하여 얻을 바가 없음을 잘
분별하라는 뜻을 지니고 있느니라.
또한 팔식은 날 [經:세로]이 되고 양명은 씨
[緯:가로]이니, 날과 씨가 서로 어울려서 이
경전을 이룬 까닭에 팔양경이라 하느니라.

팔자는 팔식이니, 육근과 관련된 것은
육식이요 함장식인 제8 아뢰야식은 팔식
이라 하나니, 팔식의 근원이 공이 요
무소유임을 분명히 분별해야 하느니라.
곧 알지니,
두 눈은 광명천이니 광명천 중에 일월광
명세존이 나타나고
두 귀는 성문천이니 성문천 중에 무량성

여래가 나타나고

두 코는 불향천이니 불향천 중에 향적여

래가 나타나고

혀는 법미천이니 법미천 중에 법희여래

가 나타나고

몸은 노사나천이니 노사나천 중에 성취

노사나불과 노사나경상불과 노사나광명

불이 나타나고

뜻은 무분별천이니 무분별천 중에 부동

여래대광명불이 나타나고

마음은 법계천이니 법계천 중에 공왕여

래가 나타나고

함장식천은 아나함경과 대반열반경을 연

출하고

아뢰야식천은 대지도론경과 유가론경을

연출하느니라.

37

선남자야, 불(佛)이 곧 법이고 법이 곧 불이
니, 합해서 한 모양이 되어 대통지승여래
가 나타나느니라."

부처님께서 이 경을 설하실 때 모든 대지
가 여섯 가지로 진동하고 광명이 하늘과
땅에 끝없이 넓게 비쳐서 무어라 이름할
수 없었으며, 모든 어둠이 다 사라져 밝
음으로 바뀌었고, 온갖 지옥이 다 소멸되
어 모든 죄인이 고통 면하였다.

그때 대중 가운데 있던 팔만팔천 보살이
일시에 성불하였으니, 그 이름은 공왕여
래(空王如來)·응공(應供)·정등각(正等覺)이요, 겁의 이름은 이구(離垢)
이며, 나라 이름은 무변(無邊)이었다.
온갖 백성들이 다 보살의 육바라밀을 행
하여 너 나 할 것 없이 무쟁삼매를 얻어

무소득의 경지에 이르렀으며, 육만육천의 비구·비구니·우바새·우바이들은 대총지를 얻어 불이법문에 들어갔다.
또 수없이 많은 천신·용왕·야차·건달바·아수라·가루라·긴나라·마후라가와 인비인(人非人) 등은 법안이 깨끗해짐을 얻어 보살도를 행하였다.

"선남자야, 만약 어떤 이가 벼슬을 얻어 부임하는 날에나 새집에 들어갈 때, 이 경을 세 번 읽으면 크게 길하고 선신이 가호하여 수명이 연장되고 복덕이 풍성하게 되느니라.

선남자야, 만약 이 경을 한번 읽으면 모든 경전을 한 번 읽은 것과 같고, 이 경을 한 권 사경하면 모든 경전을 한번 사경하

는 것과 같나니, 그 공덕은 다 말할 수도 측량할 수도 없고 허공처럼 끝이 없어, 성스러운 도의 결실을 이루게 되느니라.

또 무변신보살마하살아, 만약 어떤 중생이 정법을 믿지 않고 사견만을 내다가, 홀연히 이 경을 듣고 즉시 비방하여 부처님 말씀이 아니라고 하면,
이 사람은 금생에 나병을 얻고 더러운 창질이 생겨 피고름을 흘리고 악취를 풍겨 사람들의 미움을 받다가, 명이 다하면 아비무간지옥에 떨어져서 위쪽의 불이 아래로 내려 뿜고 아래쪽의 불은 위로 올려 뿜어 몸을 불태우고, 쇠창과 쇠작살로 온몸을 찌르고 구리 녹인 물을 입에 부으니, 뼈와 힘줄이 녹아서 문드러지고 하룻낮과 하룻밤 사이에 만 번 죽고 만 번 살

아나는 큰 고통을 쉴 새 없이 받게 되느
니라. 이 경을 비방하면 이와 같은 죄를
얻게 되느니라."

부처님께서 죄인을 위해 게송으로 이르
셨다.
　이 몸은 자연으로 생긴 몸이요
　머리와 사지도 자연으로 갖추고
　자라기도 자연스레 자라며
　늙는 것도 자연스레 늙느니라
　태어남도 자연으로 생겨나고
　죽는 것도 자연으로 죽으며
　키가 크기를 구하여도 크지 못하고
　적어지기를 구하여도 적어지지 않네
　괴로움도 즐거움도 그대 스스로 받고
　잘못되고 잘됨도 그대에게 달렸으니
　좋은 공덕 짓기를 바라거든

이 경을 스승으로 삼고 읽어라
한량없는 천천세 만만세 동안
도를 얻어 법륜을 굴리게 되노라

부처님께서 이 경을 설하여 마치시니 모든 대중이 이제까지 느껴본 적이 없었던 밝은 마음에 밝은 뜻을 얻어서 환희하고 춤을 추었다.
그리고 모든 상(相)들이 참된 상이 아닌 줄을 알아서 부처님의 지견에 들어가고 부처님의 지견을 깨달았으나, 들어간 것도 없고 깨달은 것도 없고 아는 것도 없고 본 바도 없었나니, 한 가지 법도 얻지 않음이 열반의 즐거움이로다.

불기 25 년 월 일~ 월 일 불자
천지팔양신주경 제 회 사경.

42

천지팔양신주경
天地八陽神呪經

이와 같이 들었다.

어느 때 부처님께서 비야리국(毘耶離國) 달마성의 넓고 큰 집에 계실 때, 항상 모든 곳을 따라다니던 사부대중이 부처님 주위에 둘러앉았다.

그때 무애보살이 대중 가운데 있다가 자리에서 일어나 부처님께 합장을 하고 여쭈었다.

"세존이시여, 이곳 염부제 중생들이 옛적부터 지금까지 몸을 바꾸며 태어나기를 끊이지 않고 있지만,

유식한 이는 적고 지혜 없는 이가 많으며

염불하는 이는 적고 잡신을 찾는 이가 많
으며
계를 지키는 이는 적고 파계하는 이가 많
으며
정진하는 이는 적고 게으른 이가 많으며
지혜로운 이는 적고 어리석은 이가 많으며
장수하는 이는 적고 단명한 이가 많으며
선정을 닦는 이는 적고 산란한 이가 많으며
부귀한 이는 적고 빈천한 이가 많으며
온유한 이는 적고 강경한 이가 많으며
흥하고 성하는 이는 적고 의지할 곳 없
는 이가 많으며
정직한 이는 적고 아첨하는 사람이 많으며
맑고 신중한 이는 적고 욕심 많고 탁한
이가 많으며
보시하는 이는 적고 인색한 이가 많으며
믿음 있고 진실한 이는 적고 허망한 이

가 많나이다.

자연 세속은 천박하고 관법(官法)은 혹독하고 부역은 심하여 백성이 궁핍하고 괴롭고 구하는 바를 얻지 못함이니, 삿된 것을 믿어 견해가 뒤바뀐 때문에 이와 같은 고통을 얻게 된 듯하옵니다.

원하옵건대 세존이시여,

사견(邪見)으로 잘못된 중생들을 위해 정견(正見)의 법문을 설하시어, 이들로 하여금 잘못된 것을 깨닫고 괴로움들을 면하게 하여 주옵소서."

부처님께서 이르셨다.

"착하고 훌륭하구나, 무애보살아. 네가 대자비로 사견에 빠진 중생들을 위해 불가사의한 여래정견의 법을 묻는구나. 너

희는 자세히 듣고 깊이 생각하여라.

天地八陽經

내 너희를 위해 천지팔양경을 해설하리라.
이 경은 과거의 부처님들도 이미 설하셨고 미래의 부처님들도 마땅히 설하실 것이요 현재의 부처님들도 지금 설하고 계시느니라.

대저 하늘과 땅 사이에는 사람이 가장 뛰어나서 일체 만물 가운데 귀하기 그지없나니, 사람은 바르고 참되어야 하고, 마음에는 허망함이 없어야 하며 몸으로는 바르고 참된 일을 행해야 하느니라.
사람 인[人]의 왼편으로 삐친 획[丿]은 바르다는 뜻이요 오른편으로 삐친 획[乀]은 참되다는 뜻이니, 항상 바르고 참되게 행하여야 사람[人]이라 이름하느니라.
이를 알면 사람이 능히 도를 넓히고 도

46

는 몸을 윤택하게 하나니, 도에 의지하고 사람에 의지하면 모두가 성인의 도를 이룰 수 있느니라.

또 무애보살아, 일체중생이 이미 사람의 몸을 얻고도 능히 복을 닦지 않고 참된 것을 등진 채 여러 가지 나쁜 업만 짓다가 목숨을 마치게 되면 괴로움의 바다[苦^고海^해]에 빠져서 여러 가지 죄보를 받게 되느니라.

그러나 이 경을 듣고 마음으로 믿어서 거역하지 아니하면, 곧 죄업으로 인한 어려움을 해탈하고 고해에서 벗어나며, 선신의 보호를 받아 장애들이 없어지고 장수하며, 횡액으로 일찍 죽는 일이 없어지느니라.

믿는 힘만으로도 이와 같은 복을 받게 되

거늘, 하물며 어떤 이가 이 경전을 사경하거나 수지하여 독송하고 법답게 수행하면 그 공덕은 이루 말할 수 없고 헤아릴 수 없고 끝이 없나니, 목숨을 마친 뒤에는 부처를 이루게 되느니라."

부처님께서 무애보살마하살에게 이르셨다. "만약 어떤 중생이 사도를 믿고 소견이 잘못되면, 마귀와 외도와 도깨비와 괴상한 울음소리를 내는 새와 온갖 악한 귀신들이 번갈아 나타나서 괴롭히고 귀찮게 하며, 나쁜 종기나 전염병 등의 횡액과 병들로 인해 쉬지 않고 고통을 받게 되느니라.
이때 우연히 팔양경을 아는 선지식을 만나 이 경을 세 번만 읽어주게 되면, 악귀들이 모두 소멸되어 병이 낫고 몸이 강해

지고 힘이 생기나니, 이 경을 읽는 공덕으로 이와 같은 복을 얻게 되느니라.

만약 어떤 중생이 음욕과 성냄과 어리석음과 간탐심과 질투심이 많을지라도, 이 경을 보고 믿고 공경하고 공양하면서 세 번만 읽으면, 어리석음 등의 악이 모두 없어지고 자비희사(慈悲喜捨)로 불법의 본분을 얻게 되느니라.

또 무애보살아,
만약 선남자선여인이 어떤 일을 행할 때 먼저 이 경을 세 번 읽은 다음 담장을 쌓고 터를 다지고 집을 짓되 안채와 바깥채, 동쪽과 서쪽의 행랑채와 주방과 객실을 만들거나, 대문·우물·부엌을 만들고 방아와 맷돌을 놓고 곳간을 짓고 가

49

측의 우리와 뒷간을 만들면, 일유신과 월살귀와 장군·태세·황번·표미와 오방의 토지신과 청룡·백호·주작·현무와 육갑금휘와 십이제신과 토위복룡과 요괴·도깨비들이, 모두 숨고 다른 곳으로 도망치거나 형상과 그림자까지 사라져서 해치지 못하며, 모든 일이 크게 길하고 이로워져서 한량없는 복을 얻게 되느니라.

선남자야, 공을 들인 뒤에는 집안이 길이 평안하고 가옥이 견고하여 부귀영화를 구하지 않더라도 스스로 이루어지니라.

만약 먼 길을 가거나 군에 입대하거나 벼슬을 구하거나 장사를 하게 되면 많은 이익을 얻고 가문은 흥하고 사람은 귀히 되

나니
대대손손토록
아비는 자비롭고 아들은 효도하며
남자는 충실하고 여자는 정숙하며
형은 공손하고 아우는 유순하며
부부는 화목하고 친척과는 신의가 있으며
바라는 바가 다 이루어지느니라.

만약 어떤 중생이 갑자기 감옥에 갇히거
나 도적에게 잡혀가더라도 이 경을 세
번 읽으면 곧 풀려나게 되느니라.

만약 선남자선여인이 이 경을 수지하여
독송하거나 남을 위해 천지팔양경을 사
경하면, 불에 들어가도 타지 않고 물에
들어가도 떠내려가지 않으며, 험한 산속
에 있더라도 호랑이와 이리가 자취를 감

추거나 감히 물고 먹지 못하도록 선신들
이 지켜주며, 위없는 도를 이를 수 있게
하느니라.

또 어떤 사람이 거짓말[妄語]과 꾸며대는
말[綺語]과 욕설[惡口]과 이간하는 말[兩舌]을
많이 하더라도, 이 경을 수지독송하면 이
네 가지 허물이 길이 없어지고 사무애변 四無碍辯
을 얻어서 불도를 이루게 되느니라.

만약 선남자선여인 등의 부모가 죄를 지
어, 죽는 날 바로 지옥에 떨어져서 한량
없는 고통을 받게 되었을 때, 그 자식이
이 경을 일곱 번 읽으면 부모는 곧 지옥
에서 풀려나 천상에 태어나서, 부처님을
뵙고 법문을 들은 다음 무생법인을 깨닫 無生法忍
고 불도를 이루게 되느니라."

부처님께서 무애보살에게 이르셨다.

"비바시불 때의 어느 우바새 우바이가 삿된 것을 믿지 않고 불법을 공손히 받들면서 이 경을 사경하고 수지독송하였는데, 모름지기 한 번의 의심도 없는 바른 믿음으로 한결같이 행하면서, 보시를 행하고 평등하게 공양하여 번뇌가 없는 몸을 얻고 위없는 도를 이루었나니, 이름은 보광여래·응공·정등각이요 겁의 이름은 대만이요, 나라 이름은 무변이며, 그 백성들은 오직 보살도를 행할 뿐 따로 얻고자 하는 것이 없었느니라.

또 무애보살아, 이 천지팔양경이 이곳 염부제에 있으면, 있는 곳마다 팔보살과 범천왕들과 일체 신령들이 이 경을 둘러싸고 향과 꽃으로 공양하기를 부처님 모시

듯이 하느니라."

부처님께서 무애보살에게 이르셨다.
"만약 선남자선여인이 중생들을 위해 이
경을 강설하면 실상을 깊이 깨닫고 깊은
이치를 얻게 되어 그의 몸과 마음이 곧
부처의 몸이요 법의 마음[法心]임을 알게
되느니라.

능히 이렇게 아는 것이 곧 지혜이니,
눈으로 언제나 다함이 없는 온갖 색을 보
되 색이 곧 공이요 공이 곧 색이며, 수·
상·행·식이 곧 공이요 공이 곧 수·
상·행·식이니, 이것이 바로 묘색신여래[妙色身如來]
이며
귀로 언제나 다함이 없는 온갖 소리를 듣
되 소리가 곧 공이요 공이 곧 소리니, 이

것이 바로 묘음성여래(妙音聲如來)이며

코로 언제나 다함이 없는 온갖 향기를 맡되 향기가 곧 공이고 공이 곧 향기이니, 이것이 곧 향적여래(香積如來)이며

혀로 언제나 다함이 없는 온갖 맛을 보되 맛이 곧 공이요 공이 곧 맛이니, 이것이 바로 법희여래(法喜如來)이며

몸으로 언제나 다함이 없는 온갖 감촉을 느끼되 감촉이 곧 공이요 공이 곧 감촉이니, 이것이 바로 지승여래(智勝如來)이며

뜻으로 언제나 다함이 없는 온갖 법을 생각하고 분별하되 법이 곧 공이요 공이 곧 법이니, 이것이 바로 법명여래(法明如來)니라.

선남자야, 이렇게 육근이 나타나되, 사람들이 모두 입으로 항상 착한 말을 해서 착한 법을 늘 굴리게 되면 곧 성인의 도

를 이루고, 삿된 말을 해서 나쁜 법을 늘
굴리게 되면 지옥에 떨어지나니,
선남자야, 선과 악의 이치를 잘 알고 잘
믿을지니라.

선남자야, 사람의 몸과 마음은 불법을 담
는 그릇이요 십이부로 이루어진 대장경
이니라.
아득한 옛적부터 현재까지 계속 읽고 있
지만 아직도 다 읽지 못하였고 터럭만큼
도 손상되지 않았나니, 이 여래의 대장경
은 오직 마음을 알고 견성한 사람만이 능
히 알 뿐, 성문이나 범부들은 알지를 못
하느니라.

선남자야, 이 경을 독송하여 깊은 진리를
깨치면 이 몸과 마음이 곧 불법을 담는

그릇임을 알게 되지만, 만약 술에 취한 듯한 미한 상태라면, 자기 마음이 불법의 근본이 된다는 것을 모른 채 육도를 흘러 다니다가 삼악도에 떨어지고 길이 고통의 바다에 빠져서 법의 이름조차 듣지 못하게 되느니라."

그때 대중 가운데 있던 오백 천인들이 부처님의 설법을 듣고 맑은 법안(法眼)을 얻어 환희하였고, 그 즉시 비교할 바가 없는 아뇩다라삼먁삼보리의 마음을 일으켰다.

무애보살이 다시 부처님께 여쭈었다.
"세존이시여, 이 세상에 사는 사람에게는 태어나고 죽는 것이 가장 중한 일이건만, 출생 시에도 태어날 날을 택하지 못한 채 때가 되면 태어나고, 죽을 때에도 택

일을 하지 못한 채 때가 되면 그냥 죽게 되나이다.

또 장례를 지낼 때 길일을 묻고 맞는 날을 택하여 장례를 지내는데도, 어찌하여 그렇게 한 뒤에 오히려 해가 되어 빈궁해지거나 집안이 망하는 일이 적지 않게 생기는 것이오니까?

원하옵건대 세존께서 사견(邪見)과 무지(無知)에 빠진 중생들을 위해 그 인연을 설하시어 정견을 얻고 전도됨이 없는 삶을 살게 하여 주소서."

부처님께서 이르셨다.

"착하고 훌륭하구나, 선남자야. 네가 실로 중생들의 심오한 일인 태어남과 죽음과 장례에 관한 법을 묻는구나. 너희는 자세히 들으라. 너희를 위해 지혜로운 이

치와 대도의 법을 설하노라.

대저 하늘과 땅은 넓고 크고 맑으며 해와 달은 항상 밝아, 어느 해 어느 시간이나 좋고 아름답고 진실하기만 할 뿐이니라.

선남자야, 인왕보살은 대자비로 중생들을 불쌍히 생각하되, 모두를 어린 아기처럼 여겼기 때문에 스스로 중생계로 내려와 군주가 되고 백성의 부모가 되어, 세속 사람들과 더불어 살면서 세속법을 가르쳤으며, 일력(日曆)을 만들어 천하에 나누어 주어서 절후를 알게 하였느니라.

원만(滿)·화평(平)·성취(成)·수확(收)·개화(開)·제거(除殺)라는 글자와 위태로운 것을 잡아주고 살을 없애는 문장이 있느니라.

어리석은 사람도 이를 글자대로 믿고 의지하여 사용하면 흉화(凶禍)를 면하지 못함이 없건마는, 삿된 스승의 그릇된 가르침을 좇아 쓸데없이 삿된 신을 찾고 아귀에게 절을 하다가, 오히려 재앙을 불러들여 고통을 받느니라.

그와 같은 사람들은 천시(天時)를 위반하고 지리(地理)를 거역하여, 해와 달의 광명을 등지고 항상 어두운 곳에 숨어 있으며, 정도(正道)의 넓은 길을 버리고 사도의 좁은 길만 즐겨 찾으니, 뒤바뀐 소견[顚倒]이 심한 까닭이니라.

선남자야, 해산을 하려 할 때 이 경을 세 번 읽으면 아기를 순산하고 크게 길하여, 총명하고 지혜롭고 복덕을 갖추고 일찍 죽는 일이 없느니라.

죽을 때에도 이 경을 세 번 읽으면 조금
도 방해됨이 없고 한량없는 복을 얻느니라.

선남자야, 날마다 좋은 날이요 달마다 좋
은 달이요 해마다 좋은 해인지라 실로 막
힘이 없나니, 잘 판단하여 장례를 지낼지
어다.
장례를 지내는 날에 이 경을 일곱 편 읽
으면 크게 길하고 이로워서 한량없는 복
을 받고, 가문은 영화롭고 사람은 귀히
되고 수명은 길어지며, 명이 다하는 날에
는 성스러움을 이루게 되느니라.

선남자야, 장례를 지내는 곳은 동서남북
을 불문하고 편안한 자리를 구할지니, 산
사람이 좋아하는 곳은 귀신도 좋아하느
니라.

이 경을 세 번 읽고 땅을 다듬어서 묘를 쓰면 길이 재앙이 사라지고 집이 부유해지고 사람은 흥하여, 크게 길하고 이로우니라."

그때 세존께서 이 뜻을 거듭 펴고자 게송으로 이르셨다.

삶을 누릴 때는 좋고 좋은 날이요
장사 치르는 날도 좋고 좋은 때이니
태어나고 죽을 때 이 경을 읽으면
크나큰 길함과 이로움을 얻어서
달마다 좋고 밝은 달이 되며
해마다 크게 좋은 해가 되노라
또 팔양경을 읽고 장례를 치르면
만대 동안 영화롭고 창성하노라

그때 대중 가운데 있던 칠만 칠천 인이 부처님 설법을 듣고 마음이 열리면서 뜻을 이해하여, 삿됨을 버리고 정도로 돌아왔으며, 불법을 한 부분을 얻어서 길이 의혹을 끊고 아뇩다라삼먁삼보리심을 발하였다.

무애보살이 다시 부처님께 아뢰었다.
"세존이시여, 일체 범부가 혼인을 하려 할 때는 먼저 결혼해도 좋은지를 물어본 다음에 길일을 택하여 혼례를 치릅니다. 그런데도 결혼한 뒤에 부귀하여 해로하는 이는 적고 빈궁하게 살고 생이별하거나 사별하는 이는 많나이다.
똑같이 삿된 것을 믿었거늘 어찌하여 이와 같은 차별이 있나이까? 원하옵건대 세존이시여, 대중의 의문을 풀어주옵소서."

부처님께서 이르셨다.

"선남자야, 너희를 위해 설명하리니 자세히 들으라.

하늘은 양이요 땅은 음이며, 해는 양이요 달은 음이며, 불은 양이요 물은 음이며, 남자는 양이요 여자는 음이니,

하늘과 땅의 기운이 합하여져서 온갖 초목이 나고, 해와 달이 서로 이어서 운행함으로 사시(四時)와 팔절(八節)이 분명해지고, 불과 물이 서로 도움을 주므로 일체 만물이 자라며, 남녀가 서로 화합하여 자손이 번성하는 것이니, 모두가 하늘과 땅의 떳떳한 도요 자연의 이치요 세상의 진리이니라.

선남자야, 어리석은 사람은 지혜가 없어서 삿된 이를 믿고 점을 치며, 길하기를 바라면서 선행은 닦지 않고 갖가지 악한

업만을 짓다가, 목숨이 다한 뒤에 다시 사람으로 태어나는 이는 손톱 위의 흙과 같이 적고, 지옥에 떨어지거나 아귀와 축생이 되는 이는 대지의 흙과 같이 많으니라.

선남자야, 죽어서 다시 사람의 몸 얻은 이들 중에도 바르게 믿고 착한 일을 하는 이는 손톱 위에 붙은 흙과 같이 적고, 삿된 도를 믿고 나쁜 짓을 하는 이는 대지의 흙과 같이 많으니라.

선남자야, 혼인을 하려고 할 때 물과 불처럼 상극이라거나 포태가 서로 안 맞다거나 나이가 맞지 않는다고 따지지 말지니라.

녹명서를 보면 복덕의 많고 적음을 알 수 있으니, 그것으로 권속을 삼을지니라.

혼인을 하는 날에 이 경을 세 번 읽고 혼

례를 치르게 되면 좋은 일이 계속 이어지고 광명이 서로 모여들어서 가문은 높아지고 사람은 귀히 되며, 자손은 흥성하되 총명하고 지혜롭고 재주 있고 솜씨 좋고 효도와 공경이 대대로 이어져서 크게 길하고 이로울 뿐, 명이 짧아 요절하는 일이 없으며, 복덕을 구족하여 모두 불도를 이루느니라."

그때 팔보살(八菩薩)은 부처님의 위엄과 신망을 이어받아 대총지(大總持)를 얻었는데도, 언제나 인간 세상에 있으면서 티끌 속에 광명을 감춘 채, 삿됨을 파하고 정도를 세우면서 사생(四生)을 제도하여 팔해탈(八解脫)에 머물게 하되, 다른 이와 스스로를 달리하지 않았나니, 팔보살의 이름은
발타라보살누진화 · 나린갈보살누진화

교목도보살누진화·나라달보살누진화
수미심보살누진화·인저달보살누진화
화륜조보살누진화·무연관보살누진화
이다.

이 여덟 보살이 함께 부처님께 아뢰었다.
"세존이시여, 저희들이 여러 부처님 처소
에서 받은 다라니 주문을 지금 말하여,
천지팔양경을 수지하고 독송하는 이들
을 옹호하고 영원히 공포를 떠나게 하며,
온갖 좋지 않은 것들이 이 경을 읽는 법
사를 침범하지 못하게 하겠나이다."
그리고 곧 부처님 앞에서 주문을 외웠다.

   "아거니 니거니 아비라 만례 만다례"

"세존이시여, 만약 나쁜 이가 법사에게 와

서 괴롭히려 하다가 저희의 이 주문을 듣
게 되면 머리를 일곱 쪽으로 부수어져서
아리수 나뭇가지와 같이 될 것이옵니다."

그때 무변신보살이 자리에서 일어나 부
처님께 아뢰었다.
"세존이시여, 어찌하여 이름을 천지팔양
경이라 하옵니까? 원하옵건대 세존이시
여, 청중들을 위해 그 뜻을 해설하시어
깨달음을 얻게 하고 속히 마음의 근본을
통달하게 하여, 길이 의심을 끊고 부처님
의 지견에 들어가게 하옵소서."

부처님께서 이르셨다.
"착하고 훌륭하구나, 선남자야. 너희는
자세히 들으라. 내 지금 너희를 위해 천지
팔양경의 뜻을 분별하여 해설하리라.

천은 양이요 지는 음이며 팔은 분별이고
양은 분명히 안다는 뜻이니, 대승의 함이
없는 이치[無爲之理]를 분명히 알아서, 팔식
의 인연이 공하여 얻을 바가 없음을 잘
분별하라는 뜻을 지니고 있느니라.
또한 팔식은 날[經:세로]이 되고 양명은 씨
[緯:가로]이니, 날과 씨가 서로 어울려서 이
경전을 이룬 까닭에 팔양경이라 하느니라.

팔자는 팔식이니, 육근과 관련된 것은
육식이요 함장식인 제8 아뢰야식은 팔식
이라 하나니, 팔식의 근원이 공이요
무소유임을 분명히 분별해야 하느니라.
곧 알지니,
두 눈은 광명천이니 광명천 중에 일월광
명세존이 나타나고
두 귀는 성문천이니 성문천 중에 무량성

여래가 나타나고

두 코는 불향천이니 불향천 중에 향적여래가 나타나고

《佛香天》

혀는 법미천이니 법미천 중에 법희여래가 나타나고

《法味天》

몸은 노사나천이니 노사나천 중에 성취노사나불과 노사나경상불과 노사나광명불이 나타나고

《盧舍那天》

뜻은 무분별천이니 무분별천 중에 부동여래대광명불이 나타나고

《無分別天》

마음은 법계천이니 법계천 중에 공왕여래가 나타나고

《法界天》

함장식천은 아나함경과 대반열반경을 연출하고

《含藏識天》

아뢰야식천은 대지도론경과 유가론경을 연출하느니라.

《阿賴耶識天》

선남자야, 불(佛)이 곧 법이고 법이 곧 불이니, 합해서 한 모양이 되어 대통지승여래가 나타나느니라."

부처님께서 이 경을 설하실 때 모든 대지가 여섯 가지로 진동하고 광명이 하늘과 땅에 끝없이 넓게 비쳐서 무어라 이름할 수 없었으며, 모든 어둠이 다 사라져 밝음으로 바뀌었고, 온갖 지옥이 다 소멸되어 모든 죄인이 고통 면하였다.

그때 대중 가운데 있던 팔만팔천 보살이 일시에 성불하였으니, 그 이름은 공왕여(空王如)래·응공(應供)·정등각(正等覺)이요, 겁의 이름은 이구(離垢)이며, 나라 이름은 무변(無邊)이었다.
온갖 백성들이 다 보살의 육바라밀을 행하여 너 나 할 것 없이 무쟁삼매를 얻어

무소득의 경지에 이르렀으며, 육만육천의 비구·비구니·우바새·우바이들은 대총지를 얻어 불이법문에 들어갔다.
또 수없이 많은 천신·용왕·야차·건달바·아수라·가루라·긴나라·마후라가와 인비인(人非人) 등은 법안이 깨끗해짐을 얻어 보살도를 행하였다.

"선남자야, 만약 어떤 이가 벼슬을 얻어 부임하는 날에나 새집에 들어갈 때, 이 경을 세 번 읽으면 크게 길하고 선신이 가호하여 수명이 연장되고 복덕이 풍성하게 되느니라.

선남자야, 만약 이 경을 한번 읽으면 모든 경전을 한 번 읽은 것과 같고, 이 경을 한 권 사경하면 모든 경전을 한번 사경하

는 것과 같나니, 그 공덕은 다 말할 수도
측량할 수도 없고 허공처럼 끝이 없어,
성스러운 도의 결실을 이루게 되느니라.

또 무변신보살마하살아, 만약 어떤 중생
이 정법을 믿지 않고 사견만을 내다가,
홀연히 이 경을 듣고 즉시 비방하여 부처
님 말씀이 아니라고 하면,
이 사람은 금생에 나병을 얻고 더러운 창
질이 생겨 피고름을 흘리고 악취를 풍겨
사람들의 미움을 받다가, 명이 다하면 아
비무간지옥에 떨어져서 위쪽의 불이 아
래로 내려 뿜고 아래쪽의 불은 위로 올
려 뿜어 몸을 불태우고, 쇠창과 쇠작살로
온몸을 찌르고 구리 녹인 물을 입에 부으
니, 뼈와 힘줄이 녹아서 문드러지고 하룻
낮과 하룻밤 사이에 만 번 죽고 만 번 살

아나는 큰 고통을 쉴 새 없이 받게 되느
니라. 이 경을 비방하면 이와 같은 죄를
얻게 되느니라.”

부처님께서 죄인을 위해 게송으로 이르
셨다.
　　이 몸은 자연으로 생긴 몸이요
　　머리와 사지도 자연으로 갖추고
　　자라기도 자연스레 자라며
　　늙는 것도 자연스레 늙느니라
　　태어남도 자연으로 생겨나고
　　죽는 것도 자연으로 죽으며
　　키가 크기를 구하여도 크지 못하고
　　적어지기를 구하여도 적어지지 않네
　　괴로움도 즐거움도 그대 스스로 받고
　　잘못되고 잘됨도 그대에게 달렸으니
　　좋은 공덕 짓기를 바라거든

이 경을 스승으로 삼고 읽어라
한량없는 천천세 만만세 동안
도를 얻어 법륜을 굴리게 되노라

부처님께서 이 경을 설하여 마치시니 모든 대중이 이제까지 느껴본 적이 없었던 밝은 마음에 밝은 뜻을 얻어서 환희하고 춤을 추었다.
그리고 모든 상^相들이 참된 상이 아닌 줄을 알아서 부처님의 지견에 들어가고 부처님의 지견을 깨달았으나, 들어간 것도 없고 깨달은 것도 없고 아는 것도 없고 본 바도 없었나니, 한 가지 법도 얻지 않음이 열반의 즐거움이로다.

불기 25 년 월 일~ 월 일 불자
천지팔양신주경 제 회 사경.

천지팔양신주경
天地八陽神呪經

이와 같이 들었다.

어느 때 부처님께서 비야리국(毘耶離國) 달마성의 넓고 큰 집에 계실 때, 항상 모든 곳을 따라다니던 사부대중이 부처님 주위에 둘러앉았다.

그때 무애보살이 대중 가운데 있다가 자리에서 일어나 부처님께 합장을 하고 여쭈었다.

"세존이시여, 이곳 염부제 중생들이 옛적부터 지금까지 몸을 바꾸며 태어나기를 끊이지 않고 있지만,

유식한 이는 적고 지혜 없는 이가 많으며

염불하는 이는 적고 잡신을 찾는 이가 많
으며
계를 지키는 이는 적고 파계하는 이가 많
으며
정진하는 이는 적고 게으른 이가 많으며
지혜로운 이는 적고 어리석은 이가 많으며
장수하는 이는 적고 단명한 이가 많으며
선정을 닦는 이는 적고 산란한 이가 많으며
부귀한 이는 적고 빈천한 이가 많으며
온유한 이는 적고 강경한 이가 많으며
흥하고 성하는 이는 적고 의지할 곳 없
는 이가 많으며
정직한 이는 적고 아첨하는 사람이 많으며
맑고 신중한 이는 적고 욕심 많고 탁한
이가 많으며
보시하는 이는 적고 인색한 이가 많으며
믿음 있고 진실한 이는 적고 허망한 이

가 많나이다.

자연 세속은 천박하고 관법(官法)은 혹독하고 부역은 심하여 백성이 궁핍하고 괴롭고 구하는 바를 얻지 못함이니, 삿된 것을 믿어 견해가 뒤바뀐 때문에 이와 같은 고통을 얻게 된 듯하옵니다.

원하옵건대 세존이시여,
사견(邪見)으로 잘못된 중생들을 위해 정견(正見)의 법문을 설하시어, 이들로 하여금 잘못된 것을 깨닫고 괴로움들을 면하게 하여 주옵소서."

부처님께서 이르셨다.
"착하고 훌륭하구나, 무애보살아. 네가 대자비로 사견에 빠진 중생들을 위해 불가사의한 여래정견의 법을 묻는구나. 너

78

희는 자세히 듣고 깊이 생각하여라.

내 너희를 위해 천지팔양경을 해설하리라.

이 경은 과거의 부처님들도 이미 설하셨고 미래의 부처님들도 마땅히 설하실 것이요 현재의 부처님들도 지금 설하고 계시느니라.

대저 하늘과 땅 사이에는 사람이 가장 뛰어나서 일체 만물 가운데 귀하기 그지없나니, 사람은 바르고 참되어야 하고, 마음에는 허망함이 없어야 하며 몸으로는 바르고 참된 일을 행해야 하느니라.

사람 인[人]의 왼편으로 삐친 획[丿]은 바르다는 뜻이요 오른편으로 삐친 획[乀]은 참되다는 뜻이니, 항상 바르고 참되게 행하여야 사람[人]이라 이름하느니라.

이를 알면 사람이 능히 도를 넓히고 도

는 몸을 윤택하게 하나니, 도에 의지하고 사람에 의지하면 모두가 성인의 도를 이룰 수 있느니라.

또 무애보살아, 일체중생이 이미 사람의 몸을 얻고도 능히 복을 닦지 않고 참된 것을 등진 채 여러 가지 나쁜 업만 짓다가 목숨을 마치게 되면 괴로움의 바다〔苦고 海해〕에 빠져서 여러 가지 죄보를 받게 되느니라.

그러나 이 경을 듣고 마음으로 믿어서 거역하지 아니하면, 곧 죄업으로 인한 어려움을 해탈하고 고해에서 벗어나며, 선신의 보호를 받아 장애들이 없어지고 장수하며, 횡액으로 일찍 죽는 일이 없어지느니라.

믿는 힘만으로도 이와 같은 복을 받게 되

거늘, 하물며 어떤 이가 이 경전을 사경
하거나 수지하여 독송하고 법답게 수행
하면 그 공덕은 이루 말할 수 없고 헤아
릴 수 없고 끝이 없나니, 목숨을 마친 뒤
에는 부처를 이루게 되느니라."

부처님께서 무애보살마하살에게 이르셨다.
"만약 어떤 중생이 사도를 믿고 소견이
잘못되면, 마귀와 외도와 도깨비와 괴상
한 울음소리를 내는 새와 온갖 악한 귀신
들이 번갈아 나타나서 괴롭히고 귀찮게
하며, 나쁜 종기나 전염병 등의 횡액과
병들로 인해 쉬지 않고 고통을 받게 되느
니라.
이때 우연히 팔양경을 아는 선지식을 만
나 이 경을 세 번만 읽어주게 되면, 악귀
들이 모두 소멸되어 병이 낫고 몸이 강해

지고 힘이 생기나니, 이 경을 읽는 공덕으로 이와 같은 복을 얻게 되느니라.

만약 어떤 중생이 음욕과 성냄과 어리석음과 간탐심과 질투심이 많을지라도, 이 경을 보고 믿고 공경하고 공양하면서 세 번만 읽으면, 어리석음 등의 악이 모두 없어지고 자비희사(慈 悲 喜 捨)로 불법의 본분을 얻게 되느니라.

또 무애보살아,
만약 선남자선여인이 어떤 일을 행할 때 먼저 이 경을 세 번 읽은 다음 담장을 쌓고 터를 다지고 집을 짓되 안채와 바깥채, 동쪽과 서쪽의 행랑채와 주방과 객실을 만들거나, 대문·우물·부엌을 만들고 방아와 맷돌을 놓고 곳간을 짓고 가

축의 우리와 뒷간을 만들면, 일유신과 월
살귀와 장군·태세·황번·표미와 오방
의 토지신과 청룡·백호·주작·현무와
육갑금휘와 십이제신과 토위복룡과 요
괴·도깨비들이, 모두 숨고 다른 곳으로
도망치거나 형상과 그림자까지 사라져
서 해치지 못하며, 모든 일이 크게 길하
고 이로워져서 한량없는 복을 얻게 되느
니라.

선남자야, 공을 들인 뒤에는 집안이 길이
평안하고 가옥이 견고하여 부귀영화를
구하지 않더라도 스스로 이루어지니라.

만약 먼 길을 가거나 군에 입대하거나 벼
슬을 구하거나 장사를 하게 되면 많은 이
익을 얻고 가문은 흥하고 사람은 귀히 되

나니
대대손손토록
아비는 자비롭고 아들은 효도하며
남자는 충실하고 여자는 정숙하며
형은 공손하고 아우는 유순하며
부부는 화목하고 친척과는 신의가 있으며
바라는 바가 다 이루어지느니라.

만약 어떤 중생이 갑자기 감옥에 갇히거나 도적에게 잡혀가더라도 이 경을 세 번 읽으면 곧 풀려나게 되느니라.

만약 선남자선여인이 이 경을 수지하여 독송하거나 남을 위해 천지팔양경을 사경하면, 불에 들어가도 타지 않고 물에 들어가도 떠내려가지 않으며, 험한 산속에 있더라도 호랑이와 이리가 자취를 감

추거나 감히 물고 먹지 못하도록 선신들
이 지켜주며, 위없는 도를 이를 수 있게
하느니라.

또 어떤 사람이 거짓말[妄語]과 꾸며대는
말[綺語]과 욕설[惡口]과 이간하는 말[兩舌]을
많이 하더라도, 이 경을 수지독송하면 이
네 가지 허물이 길이 없어지고 사무애변四無碍辯
을 얻어서 불도를 이루게 되느니라.

만약 선남자선여인 등의 부모가 죄를 지
어, 죽는 날 바로 지옥에 떨어져서 한량
없는 고통을 받게 되었을 때, 그 자식이
이 경을 일곱 번 읽으면 부모는 곧 지옥
에서 풀려나 천상에 태어나서, 부처님을
뵙고 법문을 들은 다음 무생법인無生法忍을 깨닫
고 불도를 이루게 되느니라."

부처님께서 무애보살에게 이르셨다.

"비바시불 때의 어느 우바새 우바이가 삿된 것을 믿지 않고 불법을 공손히 받들면서 이 경을 사경하고 수지독송하였는데, 모름지기 한 번의 의심도 없는 바른 믿음으로 한결같이 행하면서, 보시를 행하고 평등하게 공양하여 번뇌가 없는 몸을 얻고 위없는 도를 이루었나니, 이름은 보광여래·응공·정등각이요 겁의 이름은 대만이요, 나라 이름은 무변이며, 그 백성들은 오직 보살도를 행할 뿐 따로 얻고자 하는 것이 없었느니라.

또 무애보살아, 이 천지팔양경이 이곳 염부제에 있으면, 있는 곳마다 팔보살과 범천왕들과 일체 신령들이 이 경을 둘러싸고 향과 꽃으로 공양하기를 부처님 모시

듯이 하느니라."

부처님께서 무애보살에게 이르셨다.
"만약 선남자선여인이 중생들을 위해 이
경을 강설하면 실상을 깊이 깨닫고 깊은
이치를 얻게 되어 그의 몸과 마음이 곧
부처의 몸이요 법의 마음[法心]임을 알게
되느니라.

능히 이렇게 아는 것이 곧 지혜이니,
눈으로 언제나 다함이 없는 온갖 색을 보
되 색이 곧 공이요 공이 곧 색이며, 수·
상·행·식이 곧 공이요 공이 곧 수·
상·행·식이니, 이것이 바로 묘색신여래(妙色身如來)
이며
귀로 언제나 다함이 없는 온갖 소리를 듣
되 소리가 곧 공이요 공이 곧 소리니, 이

87

것이 바로 묘음성여래(妙音聲如來)이며

코로 언제나 다함이 없는 온갖 향기를 맡
되 향기가 곧 공이고 공이 곧 향기이니,
이것이 곧 향적여래(香積如來)이며

혀로 언제나 다함이 없는 온갖 맛을 보
되 맛이 곧 공이요 공이 곧 맛이니, 이것
이 바로 법희여래(法喜如來)이며

몸으로 언제나 다함이 없는 온갖 감촉을
느끼되 감촉이 곧 공이요 공이 곧 감촉이
니, 이것이 바로 지승여래(智勝如來)이며

뜻으로 언제나 다함이 없는 온갖 법을 생
각하고 분별하되 법이 곧 공이요 공이
곧 법이니, 이것이 바로 법명여래(法明如來)니라.

선남자야, 이렇게 육근이 나타나되, 사람
들이 모두 입으로 항상 착한 말을 해서
착한 법을 늘 굴리게 되면 곧 성인의 도

를 이루고, 삿된 말을 해서 나쁜 법을 늘
굴리게 되면 지옥에 떨어지나니,
선남자야, 선과 악의 이치를 잘 알고 잘
믿을지니라.

선남자야, 사람의 몸과 마음은 불법을 담
는 그릇이요 십이부로 이루어진 대장경
이니라.
아득한 옛적부터 현재까지 계속 읽고 있
지만 아직도 다 읽지 못하였고 터럭만큼
도 손상되지 않았나니, 이 여래의 대장경
은 오직 마음을 알고 견성한 사람만이 능
히 알 뿐, 성문이나 범부들은 알지를 못
하느니라.

선남자야, 이 경을 독송하여 깊은 진리를
깨치면 이 몸과 마음이 곧 불법을 담는

그릇임을 알게 되지만, 만약 술에 취한 듯한 미한 상태라면, 자기 마음이 불법의 근본이 된다는 것을 모른 채 육도를 흘러 다니다가 삼악도에 떨어지고 길이 고통의 바다에 빠져서 법의 이름조차 듣지 못하게 되느니라."

그때 대중 가운데 있던 오백 천인들이 부처님의 설법을 듣고 맑은 법안(法眼)을 얻어 환희하였고, 그 즉시 비교할 바가 없는 아뇩다라삼먁삼보리의 마음을 일으켰다.

무애보살이 다시 부처님께 여쭈었다.
"세존이시여, 이 세상에 사는 사람에게는 태어나고 죽는 것이 가장 중한 일이건만, 출생 시에도 태어날 날을 택하지 못한 채 때가 되면 태어나고, 죽을 때에도 택

일을 하지 못한 채 때가 되면 그냥 죽게 되나이다.

또 장례를 지낼 때 길일을 묻고 맞는 날을 택하여 장례를 지내는데도, 어찌하여 그렇게 한 뒤에 오히려 해가 되어 빈궁해지거나 집안이 망하는 일이 적지 않게 생기는 것이오니까?

원하옵건대 세존께서 사견(邪見)과 무지(無知)에 빠진 중생들을 위해 그 인연을 설하시어 정견을 얻고 전도됨이 없는 삶을 살게 하여 주소서."

부처님께서 이르셨다.

"착하고 훌륭하구나, 선남자야. 네가 실로 중생들의 심오한 일인 태어남과 죽음과 장례에 관한 법을 묻는구나. 너희는 자세히 들으라. 너희를 위해 지혜로운 이

치와 대도의 법을 설하노라.

대저 하늘과 땅은 넓고 크고 맑으며 해와 달은 항상 밝아, 어느 해 어느 시간이나 좋고 아름답고 진실하기만 할 뿐이니라.

선남자야, 인왕보살은 대자비로 중생들을 불쌍히 생각하되, 모두를 어린 아기처럼 여겼기 때문에 스스로 중생계로 내려와 군주가 되고 백성의 부모가 되어, 세속 사람들과 더불어 살면서 세속법을 가르쳤으며, 일력(日曆)을 만들어 천하에 나누어 주어서 절후를 알게 하였느니라.

원만(滿)·화평(平)·성취(成)·수확(收)·개화(開)·제거(除殺)라는 글자와 위태로운 것을 잡아주고 살을 없애는 문장이 있느니라.

어리석은 사람도 이를 글자대로 믿고 의지하여 사용하면 흉화(凶禍)를 면하지 못함이 없건마는, 삿된 스승의 그릇된 가르침을 좇아 쓸데없이 삿된 신을 찾고 아귀에게 절을 하다가, 오히려 재앙을 불러들여 고통을 받느니라.

그와 같은 사람들은 천시(天時)를 위반하고 지리(地理)를 거역하여, 해와 달의 광명을 등지고 항상 어두운 곳에 숨어 있으며, 정도(正道)의 넓은 길을 버리고 사도의 좁은 길만 즐겨 찾으니, 뒤바뀐 소견[顚倒]이 심한 까닭이니라.

선남자야, 해산을 하려 할 때 이 경을 세 번 읽으면 아기를 순산하고 크게 길하여, 총명하고 지혜롭고 복덕을 갖추고 일찍 죽는 일이 없느니라.

죽을 때에도 이 경을 세 번 읽으면 조금
도 방해됨이 없고 한량없는 복을 얻느니라.

선남자야, 날마다 좋은 날이요 달마다 좋
은 달이요 해마다 좋은 해인지라 실로 막
힘이 없나니, 잘 판단하여 장례를 지낼지
어다.
장례를 지내는 날에 이 경을 일곱 편 읽
으면 크게 길하고 이로워서 한량없는 복
을 받고, 가문은 영화롭고 사람은 귀히
되고 수명은 길어지며, 명이 다하는 날에
는 성스러움을 이루게 되느니라.

선남자야, 장례를 지내는 곳은 동서남북
을 불문하고 편안한 자리를 구할지니, 산
사람이 좋아하는 곳은 귀신도 좋아하느
니라.

이 경을 세 번 읽고 땅을 다듬어서 묘를
쓰면 길이 재앙이 사라지고 집이 부유해
지고 사람은 흥하여, 크게 길하고 이로우
니라."

그때 세존께서 이 뜻을 거듭 펴고자 게송
으로 이르셨다.

삶을 누릴 때는 좋고 좋은 날이요
장사 치르는 날도 좋고 좋은 때이니
태어나고 죽을 때 이 경을 읽으면
크나큰 길함과 이로움을 얻어서
달마다 좋고 밝은 달이 되며
해마다 크게 좋은 해가 되노라
또 팔양경을 읽고 장례를 치르면
만대 동안 영화롭고 창성하노라

그때 대중 가운데 있던 칠만 칠천 인이 부처님 설법을 듣고 마음이 열리면서 뜻을 이해하여, 삿됨을 버리고 정도로 돌아왔으며, 불법을 한 부분을 얻어서 길이 의혹을 끊고 아뇩다라삼먁삼보리심을 발하였다.

무애보살이 다시 부처님께 아뢰었다.
"세존이시여, 일체 범부가 혼인을 하려 할 때는 먼저 결혼해도 좋은지를 물어본 다음에 길일을 택하여 혼례를 치릅니다. 그런데도 결혼한 뒤에 부귀하여 해로하는 이는 적고 빈궁하게 살고 생이별하거나 사별하는 이는 많나이다.
똑같이 삿된 것을 믿었거늘 어찌하여 이와 같은 차별이 있나이까? 원하옵건대 세존이시여, 대중의 의문을 풀어주옵소서."

부처님께서 이르셨다.

"선남자야, 너희를 위해 설명하리니 자세히 들으라.

하늘은 양이요 땅은 음이며, 해는 양이요 달은 음이며, 불은 양이요 물은 음이며, 남자는 양이요 여자는 음이니,

하늘과 땅의 기운이 합하여져서 온갖 초목이 나고, 해와 달이 서로 이어서 운행함으로 사시(四時)와 팔절(八節)이 분명해지고, 불과 물이 서로 도움을 주므로 일체 만물이 자라며, 남녀가 서로 화합하여 자손이 번성하는 것이니, 모두가 하늘과 땅의 떳떳한 도요 자연의 이치요 세상의 진리이니라.

선남자야, 어리석은 사람은 지혜가 없어서 삿된 이를 믿고 점을 치며, 길하기를 바라면서 선행은 닦지 않고 갖가지 악한

업만을 짓다가, 목숨이 다한 뒤에 다시
사람으로 태어나는 이는 손톱 위의 흙과 같
이 적고, 지옥에 떨어지거나 아귀와 축생
이 되는 이는 대지의 흙과 같이 많으니라.
선남자야, 죽어서 다시 사람의 몸 얻은
이들 중에도 바르게 믿고 착한 일을 하
는 이는 손톱 위에 붙은 흙과 같이 적고,
삿된 도를 믿고 나쁜 짓을 하는 이는 대
지의 흙과 같이 많으니라.

선남자야, 혼인을 하려고 할 때 물과 불
처럼 상극이라거나 포태가 서로 안 맞다
거나 나이가 맞지 않는다고 따지지 말지
니라.
녹명서를 보면 복덕의 많고 적음을 알
수 있으니, 그것으로 권속을 삼을지니라.
혼인을 하는 날에 이 경을 세 번 읽고 혼

례를 치르게 되면 좋은 일이 계속 이어지고 광명이 서로 모여들어서 가문은 높아지고 사람은 귀히 되며, 자손은 흥성하되 총명하고 지혜롭고 재주 있고 솜씨 좋고 효도와 공경이 대대로 이어져서 크게 길하고 이로울 뿐, 명이 짧아 요절하는 일이 없으며, 복덕을 구족하여 모두 불도를 이루느니라."

그때 팔보살(八菩薩)은 부처님의 위엄과 신망을 이어받아 대총지(大總持)를 얻었는데도, 언제나 인간 세상에 있으면서 티끌 속에 광명을 감춘 채, 삿됨을 파하고 정도를 세우면서 사생(四生)을 제도하여 팔해탈(八解脫)에 머물게 하되, 다른 이와 스스로를 달리하지 않았나니, 팔보살의 이름은
발타라보살누진화 · 나린갈보살누진화

교목도보살누진화·나라달보살누진화
수미심보살누진화·인저달보살누진화
화륜조보살누진화·무연관보살누진화
이다.

이 여덟 보살이 함께 부처님께 아뢰었다.
"세존이시여, 저희들이 여러 부처님 처소
에서 받은 다라니 주문을 지금 말하여,
천지팔양경을 수지하고 독송하는 이들
을 옹호하고 영원히 공포를 떠나게 하며,
온갖 좋지 않은 것들이 이 경을 읽는 법
사를 침범하지 못하게 하겠나이다."
그리고 곧 부처님 앞에서 주문을 외웠다.

"아거니 니거니 아비라 만례 만다례"

"세존이시여, 만약 나쁜 이가 법사에게 와

서 괴롭히려 하다가 저희의 이 주문을 듣
게 되면 머리를 일곱 쪽으로 부수어져서
아리수 나뭇가지와 같이 될 것이옵니다."

그때 무변신보살이 자리에서 일어나 부
처님께 아뢰었다.
"세존이시여, 어찌하여 이름을 천지팔양
경이라 하옵니까? 원하옵건대 세존이시
여, 청중들을 위해 그 뜻을 해설하시어
깨달음을 얻게 하고 속히 마음의 근본을
통달하게 하여, 길이 의심을 끊고 부처님
의 지견에 들어가게 하옵소서."

부처님께서 이르셨다.
"착하고 훌륭하구나, 선남자야. 너희는
자세히 들으라. 내 지금 너희를 위해 천지
팔양경의 뜻을 분별하여 해설하리라.

천은 양이요 지는 음이며 팔은 분별이고
양은 분명히 안다는 뜻이니, 대승의 함이
없는 이치 [無爲之理]를 분명히 알아서, 팔식
의 인연이 공하여 얻을 바가 없음을 잘
분별하라는 뜻을 지니고 있느니라.

또한 팔식은 날 [經:세로]이 되고 양명은 씨
[緯:가로]이니, 날과 씨가 서로 어울려서 이
경전을 이룬 까닭에 팔양경이라 하느니라.

팔자는 팔식이니, 육근과 관련된 것은
육식이요 함장식인 제8 아뢰야식은 팔식
이라 하나니, 팔식의 근원이 공이요
무소유임을 분명히 분별해야 하느니라.
곧 알지니,
두 눈은 광명천이니 광명천 중에 일월광
명세존이 나타나고
두 귀는 성문천이니 성문천 중에 무량성

여래가 나타나고

두 코는 불향천^{佛香天}이니 불향천 중에 향적여
래가 나타나고

혀는 법미천^{法味天}이니 법미천 중에 법희여래
가 나타나고

몸은 노사나천^{盧舍那天}이니 노사나천 중에 성취
노사나불과 노사나경상불과 노사나광명
불이 나타나고

뜻은 무분별천^{無分別天}이니 무분별천 중에 부동
여래대광명불이 나타나고

마음은 법계천^{法界天}이니 법계천 중에 공왕여
래가 나타나고

함장식천^{含藏識天}은 아나함경과 대반열반경을 연
출하고

아뢰야식천^{阿賴耶識天}은 대지도론경과 유가론경을
연출하느니라.

선남자야, 불이 곧 법이고 법이 곧 불이^佛
니, 합해서 한 모양이 되어 대통지승여래
가 나타나느니라."

부처님께서 이 경을 설하실 때 모든 대지
가 여섯 가지로 진동하고 광명이 하늘과
땅에 끝없이 넓게 비쳐서 무어라 이름할
수 없었으며, 모든 어둠이 다 사라져 밝
음으로 바뀌었고, 온갖 지옥이 다 소멸되
어 모든 죄인이 고통 면하였다.

그때 대중 가운데 있던 팔만팔천 보살이
일시에 성불하였으니, 그 이름은 공왕여
래·응공·정등각이요, 겁의 이름은 이구
이며, 나라 이름은 무변이었다.
온갖 백성들이 다 보살의 육바라밀을 행
하여 너 나 할 것 없이 무쟁삼매를 얻어

무소득의 경지에 이르렀으며, 육만육천의 비구·비구니·우바새·우바이들은 대총지를 얻어 불이법문에 들어갔다.
또 수없이 많은 천신·용왕·야차·건달바·아수라·가루라·긴나라·마후라가와 인비인^{人非人} 등은 법안이 깨끗해짐을 얻어 보살도를 행하였다.

"선남자야, 만약 어떤 이가 벼슬을 얻어 부임하는 날에나 새집에 들어갈 때, 이 경을 세 번 읽으면 크게 길하고 선신이 가호하여 수명이 연장되고 복덕이 풍성하게 되느니라.

선남자야, 만약 이 경을 한번 읽으면 모든 경전을 한 번 읽은 것과 같고, 이 경을 한 권 사경하면 모든 경전을 한번 사경하

는 것과 같나니, 그 공덕은 다 말할 수도 측량할 수도 없고 허공처럼 끝이 없어, 성스러운 도의 결실을 이루게 되느니라.

또 무변신보살마하살아, 만약 어떤 중생이 정법을 믿지 않고 사견만을 내다가, 홀연히 이 경을 듣고 즉시 비방하여 부처님 말씀이 아니라고 하면,
이 사람은 금생에 나병을 얻고 더러운 창질이 생겨 피고름을 흘리고 악취를 풍겨 사람들의 미움을 받다가, 명이 다하면 아비무간지옥에 떨어져서 위쪽의 불이 아래로 내려 뿜고 아래쪽의 불은 위로 올려 뿜어 몸을 불태우고, 쇠창과 쇠작살로 온몸을 찌르고 구리 녹인 물을 입에 부으니, 뼈와 힘줄이 녹아서 문드러지고 하룻낮과 하룻밤 사이에 만 번 죽고 만 번 살

아나는 큰 고통을 쉴 새 없이 받게 되느니라. 이 경을 비방하면 이와 같은 죄를 얻게 되느니라."

부처님께서 죄인을 위해 게송으로 이르셨다.
　이 몸은 자연으로 생긴 몸이요
　머리와 사지도 자연으로 갖추고
　자라기도 자연스레 자라며
　늙는 것도 자연스레 늙느니라
　태어남도 자연으로 생겨나고
　죽는 것도 자연으로 죽으며
　키가 크기를 구하여도 크지 못하고
　적어지기를 구하여도 적어지지 않네
　괴로움도 즐거움도 그대 스스로 받고
　잘못되고 잘됨도 그대에게 달렸으니
　좋은 공덕 짓기를 바라거든

이 경을 스승으로 삼고 읽어라
한량없는 천천세 만만세 동안
도를 얻어 법륜을 굴리게 되노라

부처님께서 이 경을 설하여 마치시니 모든 대중이 이제까지 느껴본 적이 없었던 밝은 마음에 밝은 뜻을 얻어서 환희하고 춤을 추었다.
그리고 모든 상(相)들이 참된 상이 아닌 줄을 알아서 부처님의 지견에 들어가고 부처님의 지견을 깨달았으나, 들어간 것도 없고 깨달은 것도 없고 아는 것도 없고 본 바도 없었나니, 한 가지 법도 얻지 않음이 열반의 즐거움이로다.

불기 25 년 월 일~ 월 일 불자
천지팔양신주경 제 회 사경.

한글 큰활자본 기도 독송용 경전 (책 크기 4×6배판)

법화경 / 김현준 역   4×6배판 (양장본) 1책 520쪽 25,000원 / (무선제본) 전3책 550쪽 22,000원

불교 최고 경전인 법화경을 독송하면 소원성취는 물론 깨달음과 경제적인 풍요까지 안겨줍니다.

법화경을 독송하고 사경하면 부처님과 대우주법계의 한량없는 가피가 저절로 찾아들어 업장소멸은 물론이요 갖가지 소원을 두루 성취할 수 있습니다. 특히 밝은 지혜를 얻고 크게 향상하게 되며 경제적인 풍요와 사업의 번창, 시험의 합격 및 승진이 쉬워지고 가족 모두가 평온하고 복된 삶을 누리며, 병환·재난·가난 등 현실의 괴로움이 소멸되고 부모 친척 등의 영가가 잘 천도되며 구하는 바가 뜻과 같이 이루어집니다.

지장경 / 김현준 편역   4×6배판 208쪽 8,000원

지장기도를 하는 분들을 위해 ① 지장경을 처음부터 끝까지 1번 독송 ② '나무지장보살'을 천번염송 ③ 지장보살예찬문을 외우며 158배, ④ '지장보살'천번 염송의 4부로 나누어 특별히 만들었습니다.
지장경 독경 및 지장보살예참과 염불을 할 때, 각 장 앞에 제시된 기도법에 따라 기도를 하게 되면, 지장보살의 가피 속에서 틀림없이 영가천도·업장소멸·소원성취·향상된 삶을 이룩할 수 있게 됩니다.

한글 금강경 / 우룡스님 역   112쪽 5,000원
책 크기만큼 글씨도 크게 하고 한자 원문도 수록하였으며, 독송에 관한 법문도 첨부하였습니다. 사찰 및 가정에서의 독송용으로 매우 좋습니다.

유마경 / 김현준 역   296쪽 12,000원
보살의 병은 어디서 오는가? 불도란 어떤 것인가? 깨달음의 세계로 들어가는 불이법문, 참된 불국토를 건설하는 방법 등등 매우 소중한 가르침들을 가득 담고 있으며, 읽다보면 눈이 번쩍 뜨이고 마음이 탁 트입니다.

승만경 / 김현준 편역   144쪽 6,000원
여인의 성불 수기와 함께 승만부인의 서원, 정법·번뇌·법신·일승·사성제·자성청정심·여래장사상 등을 분명히 밝힌 주옥같은 경전.(한글 한문 대조본)

원각경 / 김현준 편역   192쪽 8,000원
한국불교 근본 경전 중 하나로, 중생이 부처가 되려면 어떻게 해야하는지를 12보살과의 문답을 통해 설한 경전으로 쉽게 번역 하였습니다. (한글 한문 대조본)

밀린다왕문경 / 김현준 편역 신국판 204쪽 7,000원
그리스 왕인 밀린다와 불교 승려인 나가세나가 인생과 불교에 대해 대론한 것을 정리한 경전으로 신심을 크게 불러일으킵니다.

자비도량참법 / 김현준 역   양장본 528쪽 25,000원
나의 죄업 참회에서 시작하여 부모 친척 등 온 법계 중생의 업장과 무명까지 모두 소멸시켜주며, 자비가 충만하여지고 환희심이 넘쳐나게 됩니다.

한글 아미타경 / 김현준 편역   92쪽 4,000원
아주 큰 활자 번역본으로, 독경 및 '나무아미타불' 염불 방법을 함께 실었습니다. 사찰에서 대중이 함께 독송할 때 또는 집에서 독송할 때 매우 유용합니다.

무량수경 / 김현준 역   176쪽 7,000원
아미타불은 어떠한 분이며, 극락에는 어떠한 장엄과 멋과 행복이 갖추어져 있는가? 극락에 왕생하려면 이 현생에서 어떠한 삶을 살아야 하는가를 자상하게 묘사하고 있어, 독송을 하면 신심이 저절로 우러납니다.

한글 약사경 / 김현준 편역   100쪽 4,000원
아주 큰 활자로 약사경 한글 번역본을 만들었습니다. 약사경 독경 방법 및 약사염불법도 함께 실어 기도에 도움이 되도록 하였습니다.

한글 관음경 / 우룡스님 역   96쪽 4,000원
커다란 글씨의 관음경 해설과 함께 관음경의 원문과 독송법, 관음 염불 방법 등을 수록하여 관음경의 가르침을 쉽게 이해하도록 하였습니다.

한글 보현행원품 / 김현준 편역   112쪽 5,000원
보현행원품과 예불대참회문을 함께 실어 독경 후 행원품에 근거한 전통적인 108배를 행할 수 있도록 만들었으며, 대참회의 의미도 상세히 설명하였습니다.

천지팔양신주경 / 김현준 편역   96쪽 4,000원
옛부터 결혼·출산·사업·죽음 등 평생의 삶 중에서 중요한 때마다 이 경을 독송하면 크게 길하고 이롭고 장수하고 복덕을 갖추게 된다고 전해지고 있습니다.

아름다운 우리말 경전 (책 크기 휴대용 국반판)

·금강경	명쾌한 금강경 풀이와 함께 금강경의 근본 가르침을 함께 수록한 책	우룡스님 역	100쪽	2,500원
·아미타경	한글 번역과 함께 독송하는 방법과 아미타불 염불법에 대해 설한 책	김현준 역	100쪽	2,500원
·약사경	한글 번역과 함께 약사기도법과 약사염불법에 대해 자세히 설한 책	김현준 편역	100쪽	2,500원
·관음경	관음경의 번역과 함께 관음기도와 관음염불법에 대해 자세히 설한 책	우룡스님 역	100쪽	2,500원
·지장경	편안하고 쉬운 번역과 함께 지장기도법을 간략히 설한 책	김현준 역	196쪽	4,000원
·부모은중경	부모님의 은혜를 느끼며 기도를 할 수 있게 엮은 책	김현준 역	100쪽	2,500원
·보현행원품	보현보살의 십대원을 중심으로 설하여 참된 보살의 길로 이끌어주는 책	김현준 편역	100쪽	2,500원
·초발심자경문	신심을 굳건히 하고 수행에 대한 마음을 불러일으키게끔 하는 책	일타스님 역	100쪽	2,500원
·법요집	법회와 수행 시에 필요한 각종 의식문, 좋은 몇 편의 글들을 수록한 책	불교신행연구원 편	100쪽	2,500원

영험 크고 성취 빠른 각종 사경집 (책 크기 4×6배판)

※ 정성껏 사경하면 큰 가피가 저절로 찾아들고, 업장참회는 물론이요 쉽게 소원을 성취할 수 있습니다. 각 책마다 사경의 방법을 자세하게 설명해 놓았습니다.

광명진언 사경 가로·세로쓰기
(1책으로 1080번 사경) 128쪽 5,000원
모든 불보살님의 총주總呪인 광명진언을 사경하면 그 가피력은 이루 다 말할 수 없을 정도입니다. 하루 108번씩 100일 동안 사경을 행하면 우리에게 크나큰 성취를 안겨주고 심중의 소원이 잘 이루어집니다.

반야심경 한글사경 (1책 50번 사경) 116쪽 5,000원
반야심경 한문사경 (1책 50번 사경) 116쪽 5,000원
반야심경을 사경하면 호법신장이 '나'를 지켜주고 공의 도리를 깨달아 평화롭고 안정된 삶이 함께합니다.

아미타경 한글사경 (1책 7번 사경) 116쪽 5,000원
살아 생전에 아미타경을 사경하거나, 부모님을 비롯한 가까운 분이 돌아가셨을 때 이 경을 쓰면 극락왕생이 참으로 가까워집니다.

관음경 한글사경 (1책 5번 사경) 112쪽 5,000원
관음경을 사경하면 가피가 한량이 없고 늘 행복이 함께 합니다. 학업성취·건강쾌유·자녀의 성공·경제문제 등에도 영험이 매우 큽니다.

신묘장구대다라니 사경 (1책 50번 사경) 5,000원
대다라니를 사경하면 관세음보살님과 호법신장들이 '나'와 주위를 지켜주고 소원성취와 동시에, 행복하고 자비심 가득한 마음을 가질 수 있도록 해줍니다.

보현행원품 한글사경 (1책 3번 사경) 120쪽 5,000원
행원품을 사경하면 자리이타의 삶과 업장 참회, 신통·지혜·복덕·자비 등을 빨리 이룰 수 있고 세세생생 불법과 함께 하며 보살도를 성취할 수 있습니다.

부모은중경 사경 (1책 3번 사경) 112쪽 5,000원
부처님께서는 부모님의 은혜를 새기면서 이 경을 쓰게 되면 그 어떤 행보다 큰 공덕이 생겨난다고 하였습니다. 정성 들여 사경하면 뜻하는 바가 이루어집니다.

아미타불 명호사경 (1책으로 5,400번 사경) 160쪽 6,000원
'나무아미타불'과 '아미타불'을 오회염불법에 따라 외우고 쓰는 특별한 명호사경집입니다. 집중력을 더하여, 심중 소원 성취에 큰 도움을 줍니다.

금강경 한글사경 (1책 3번 사경) 144쪽 6,000원
금강경 한문사경 (1책 3번 사경) 144쪽 6,000원
금강경 한문한글사경 (1책 1번 사경) 100쪽 4,000원
요긴하고 으뜸된 경전인 금강경을 사경해 보십시오. 업장소멸과 함께 크나큰 깨달음과 좋은 일들이 저절로 다가옵니다.

법화경 한글사경 (전5책) 권당 5,000원 총 25,000원
법화경을 사경하면 부처님과 대우주법계의 한량없는 가피가 저절로 찾아들어 소원성취·영가천도는 물론이요 깨달음과 경제적인 풍요까지 안겨줍니다.

약사경 한글사경 (1책 3번 사경) 112쪽 4,000원
약사경을 사경하면 약사여래의 가피가 저절로 찾아들어, 병환의 쾌차, 집안 평안, 업장소멸을 비롯한 갖가지 소원을 쉽게 성취할 수 있습니다.

천수경 한글사경 (1책 7번 사경) 112쪽 5,000원
천수경을 사경하고 독송하면 천수관음의 가피가 저절로 찾아들어, 업장 및 고난의 소멸과 갖가지 소원을 쉽게 성취할 수 있습니다.

지장경 한글사경 (1책 1번 사경) 144쪽 6,000원
지장경을 사경하고 영가천도는 물론이요, 각종 장애가 저절로 사라지고 심중의 소원이 성취됩니다. 백일 또는 49일 동안의 사경기도를 감히 권해 봅니다.

화엄경약찬게 사경 (1책 12번 사경) 112쪽 5,000원
화엄경약찬게를 쓰면 화엄경 한 편을 읽는 것과 같은 공덕이 생긴다고 하였습니다. 약찬게를 써 보십시오. 수많은 가피가 함께 찾아듭니다.

천지팔양신주경 사경 (1책 3번 사경) 112쪽 5,000원
옛부터 건축·결혼·출산·사업·죽음 등 평생의 삶 중에서 중요한 때마다 읽고 쓰면 크게 길하고 이롭고 장수하고 복덕을 갖추게 된다고 전해지고 있습니다.

보왕삼매론 사경 (1책으로 27번 사경) 120쪽 5,000원
삶의 문제들을 지혜롭게 해결하는 방법을 제시한 보왕삼매론을 사경하면 생활 속의 걸림돌이 디딤돌로 바뀌고 고난이 사라져 편안하고 행복해집니다.

관세음보살 명호사경 (1책으로 5천4백번 사경) 108쪽 5,000원
지장보살 명호사경 (1책으로 5천번 사경) 108쪽 5,000원
'관세음보살'이나 '지장보살'의 명호를 쓰면서 입으로 외우고 마음에 새기면, 관세음보살님과 지장보살님의 가피를 입어 몸과 마음이 큰 변화를 이루고, 마음속의 원을 능히 성취할 수 있습니다.

엮은이 김현준 金鉉埈

불교신행연구원 원장, 월간 「법공양」 발행인 겸 편집인, 효림출판사와 새벽숲출판사의 주필 및 고문으로 활동하고 있다.

저서로는 『생활 속의 반야심경』·『생활 속의 보왕삼매론』·『관음신앙·관음기도법』·『광명진언 기도법』·『신묘장구대다라니 기도법』·『참회·참회기도법』·『불자의 자녀사랑 기도법』·『사찰 그 속에 깃든 의미』·『사성제와 팔정도』·『육바라밀』·『화엄경 약찬게 풀이』 등 30여 종이 있으며, 불자들의 신행을 돕는 사경집 20여 종과 한글 번역서 『법화경』·『원각경』·『유마경』·『승만경』·『무량수경』·『약사경』·『지장경』·『보현행원품』·『자비도량참법』·『육조단경』·『선가귀감』 등 10여 종이 있다.

천지팔양신주경 사경

초 판   1쇄 펴낸날 2022년   2월 10일
　　　 3쇄 펴낸날 2024년   4월 23일

엮은이 김현준
펴낸이 김연수
고 문 김현준

펴낸곳 새벽숲
등록일 2009년 12월 28일 (제321-2009-000242호)
주 소 서울특별시 서초구 반포대로14길 30, 906호 (서초동, 센츄리I)
전 화 (02) 582~6612·587~6612
팩 스 (02) 586~9078
이메일 hyorim@nate.com

값 5,000원